DANTE ALIGHIERI

L'ENFER

Chants V et XXXIII

TRADUITS POUR LA PREMIÈRE FOIS EN *TERZA RIMA* FRANÇAISE

Et extraits d'une traduction complète sous presse en ce moment

DE L'ENFER DE DANTE

Par É.-Hyacinthe VINSON (de la Gironde)

Plus on étudie le Dante, plus on admire la puissance de son génie, et à mesure qu'on l'admire davantage, la séduction devient plus forte de reproduire dans un autre idiome les beautés encore si neuves de la *Divine Comédie*. Toute version paraît incomplète, infidèle, et chacun porte en soi, selon sa manière de sentir, le besoin d'une traduction nouvelle. On se persuade que faire autrement c'est faire mieux, et on se laisse aller au plaisir de redire, dans une langue nouvelle, la pensée tour à tour si naïve, si gracieuse et si terrible du poëte gibelin.

(Préface de la traduction de M. le Président DE MESWARD)

Combien faut-il de petits poëtes, de petits orateurs, de petits philosophes (et de petits traducteurs), pour qu'il en naisse un grand ?

(SAINT-MARC-GIRARDIN, *Débats*, 13 février 1857.)

PONDICHÉRY

É.-V. GÉRUZET, IMPRIMEUR DU GOUVERNEMENT

1857

A M. J. DEMOGEOT.

J'avais promis, je tiens : et ma rime imprudente
A calqué jusqu'au bout l'œuvre rude de Dante !
Vous seul savez un peu les maux que j'ai soufferts,
Pendant les dix-sept ans que m'ont coûtés ces vers;
Quels combats désolés, quelles terreurs fatales,
Les ont entrecoupés à larges intervalles !
Aujourd'hui, dans l'exil, et sous des cieux méchants,
J'achève le dernier des trente-quatre chants,
Et je dépose enfin, comme en un jour de fête,
Sur le livre fermé ma plume satisfaite !
Mais si j'ai joint le but que je m'étais promis,
Je viens doubler ma joie avec mes vieux amis,
Qui le long de ma vie agitée et changeante
M'envoyaient jusqu'ici leur voix encourageante !

Je ne m'abuse pas et n'enfle point le prix
D'un travail tant de fois interrompu, repris......
Je voudrais seulement que l'amitié me dise
Si je me suis trompé dans ma longue entreprise,
Si je n'ai point failli sur le chemin tracé,
Et je serais d'un mot assez récompensé !

IV

Je ne regrette point mes heures d'insomnie,
Mes luttes sans repos contre un âpre génie,
Ni, sous le ciel d'airain de l'extrême orient,
Les souvenirs amers de mon pays riant,
Où, sous le dôme bleu de mes nuits étoilées,
Flottaient les doux espoirs, colombes envolées!....
Car je me sens meilleur; le Poëte indigné
M'a fait plus patient, plus fort, plus résigné :
Le voyage émouvant du Banni de Florence
A toujours amoindri ma légère souffrance,
Et dans mon cœur ardent plus d'amour est resté
Et pour la poésie et pour la liberté !

Hyacinthe VINSON.

Karikal, lundi 6 avril 1857.

L'ENFER DE DANTE.

CHANT CINQUIÈME.

ÉPISODE DE FRANÇOISE DE RIMINI.

ARGUMENT. — A l'entrée de ce deuxième cercle où sont punies les âmes que l'amour a perdues, se tient le juge de l'Enfer. Description du supplice de ces âmes. Récit de Françoise de Rimini:

Hors de ce premier cercle ainsi je descendis
Au second, qui renferme une moindre distance ;
Là règne une douleur poignante jusqu'aux cris.

L'affreux Minos, grinçant des dents, siége en silence ;
Il compte chaque faute en ce seuil plein d'horreur,
Puis il juge et sa queue indique la sentence.

Je dis, quand devant lui vient l'âme d'un pécheur,
Aussitôt qu'elle s'est toute à lui confessée,
Des crimes des humains ce grand inquisiteur

Voit dans quel lieu d'enfer elle sera placée ;
Il se ceint de sa queue et fait autant de tours
Qu'il veut que de degrés elle soit enfoncée.

Beaucoup d'ombres sont là pour attendre, toujours,
Et chacune à son tour arrive à la sentence ;
Puis parle, entend et tombe aux funèbres séjours.

— « O toi, qui vient franchir l'asile de souffrance, »
Dit Minos aussitôt qu'il me vit avancer,
Laissant interrompu son ministère immense,

« Vois bien ta route : à qui peux-tu te confier ?
« N'espère pas, d'après la largeur de l'entrée..... »
Mon guide alors lui dit : — « Pourquoi donc tant crier ?

« Ne vas pas arrêter sa course préparée,
« Ne dis rien; Il le mène au gouffre défendu
« Celui qui veut et peut, qui commande et qui crée. »

Ma route commençait et j'avais entendu
Des cris profonds : je vis la région amère,
Où des sanglots frappaient mon esprit éperdu.

J'arrivai dans un lieu qui, muet de lumière,
Mugissait comme fait l'Océan écumant
Quand s'y heurtent les vents battus en sens contraire.

Et la trombe d'enfer, toujours en mouvement,
Emporte les esprits au fond du précipice,
Et les roule et les frappe avec acharnement.

Quand ils sentent venir devant eux ce supplice
Ce n'est que grincements, plaintes, sanglots affreux;
Ils blasphèment alors la divine justice.

J'appris qu'à ce tourment sont condamnés tous ceux
Qui, pécheurs par la chair, à leur honte éternelle,
Soumettent la raison à des désirs honteux.

Comme les étourneaux volent à tire-d'aile,
Quand vient le temps des froids en groupes enlacés;
La trombe emporte ainsi les esprits pêle-mêle.

En bas, en haut, partout, sans fin ils sont poussés;
Ils n'ont pas l'espérance, en leurs peines aiguës,
De châtiments plus doux, ou d'être moins lassés.

Et telles qu'en chantant leur lai passent les grues,
Formant un bataillon immense au loin dans l'air,
Je vis venir, en pleurs, traînant leurs voix émues,

Les âmes qu'emportait le tourbillon d'enfer.
Et je dis : « Quelles sont ces malheureuses ombres,
« Maître, que ce vent noir frappe d'un souffle amer ? »

— « Des ombres que tu vois en ces demeures sombres
« Tu veux savoir, dit-il, et les noms et le sort :
« La première régna sur des peuples sans nombres ;

« Au vice de luxure elle obéit si fort
« Que le plaisir fut seul sa loi, comme sa gloire,
« Pour étouffer sa honte et la voix du remord ;

« C'était Sémiramis, dont parle tant l'histoire ;
« Elle eut, après la mort de Ninus son époux,
« La terre qu'au Soudan a donné la victoire.

« Celle-ci se tua dans son amour jaloux,
« Rompant la foi promise aux cendres de Sichée ;
« Et voici Cléopâtre au cœur lubrique et doux. »

Je vis Hélène, à qui la honte est attachée
Pour les maux de son temps ; puis le vainqueur d'Hector,
Dont l'âme eut à combattre enfin, d'amour touchée.

Je vis Pâris, Tristan et mille autres encor,
Qu'il me montra du doigt dans la foule pressée,
Et que l'amour aussi conduisit à la mort.

Quand mon sage eut fini sa liste embarrassée
Des dames d'autrefois, des fameux cavaliers,
La pitié me vainquit et troubla ma pensée.

Bientôt je commençai :— « Poëte, volontiers,
« J'entretiendrais ces deux qui s'avancent pressées ;
« Elles semblent flotter comme des vents légers. »

Mon guide alors : — « Attends qu'elles soient avancées
« Plus près de nous ; dis-leur, par cet amour charmant
« Qui les tient, de venir, jusqu'à nous abaissées. »

Aussitôt que vers nous les inclina le vent,
Vers elles ma voix monte : — « Ombres infortunées,
« Oh ! venez nous parler si nul ne le défend ! »

Telles par leur désir deux colombes menées,
D'une aîle ouverte et ferme à leur nid gracieux,
Volent d'un même accord dans l'azur entraînées ;

Ces deux ombres ainsi fendant l'air ténébreux,
Du groupe de Didon vinrent à nous en face,
Tant mon appel courtois leur fut impérieux.

« Être compatissant, être rempli de grâce,
« Qui viens nous visiter en ces affreux déserts,
« Nous dont le sang au monde a laissé tant de trace,

« Si nous étions aimés du Roi de l'univers,
« Nous lui demanderions le repos de ta vie,
« Puisque tu prends pitié de nos tourments amers !

« Pour entendre et parler, fais selon ton envie ;
« Nous allons te parler et t'entendre un moment,
« Tandis que le vent tait, comme il fait, sa furie.

« La terre où je suis née est sur le bord charmant,
« Où vers l'immense mer le Pô se précipite,
« De fleuves escorté, puis reste en paix, dormant.

« L'amour, qui de tout cœur gentil s'empare vite,
« Prit celui de cet être aimable et gracieux.....
« Le coup qui me l'ôta même encore m'irrite !

« L'amour qui veut que l'être aimé soit amoureux,
« Me prit d'un tel désir, tu le vois, ô merveille !
« Qu'il n'abandonne pas mon cœur même en ces lieux.

« L'amour nous conduisit vers une mort pareille.
« Mais Caïn attend l'autre et saura me venger..... »
Ces paroles ainsi vinrent à mon oreille.

Et quand j'eus entendu ces âmes s'affliger,
Je m'inclinai longtemps et tins bas mon visage ;
Et le poëte dit : — « Qu'as-tu donc à songer ?»

Lorsque je répondis, je m'écriai : — « Doux sage,
« Quel penser ravissant et quel charmant désir,
« Les ont menés tous deux au douloureux passage ! »

Puis me tournant vers eux pour les entretenir,
Je parle ainsi : — « Tu vois, Françoise, ta souffrance
« Me fait pleurer encore et tristement gémir ;

« Mais, dis-moi, dans ce temps de soupirs, d'espérance,
« A quel signe as-tu su l'amour qui tient ton cœur ?
« Comment as-tu connu ce désir qui commence ? »

Elle me répondit : — « La plus grande douleur
« Est de se rappeler, au temps de la ruine,
« La félicité morte : il le sait, ton docteur....

« Si tu tiens à savoir la première racine
« De notre jeune amour, et le veux ardemment,
« Je m'en vais, en pleurant, t'en dire l'origine.

« Un jour que nous lisions pour notre amusement
« Comment à Lancelot vint l'amour d'une femme,
« Seuls, sans soupçons, tous deux, nous lisions lentement.

« Plusieurs fois nos regards se cherchaient pleins de flamme :
« Notre visage ému pâlissait par moment ;
« Mais ce fut un seul mot qui nous embrâsa l'âme....

« Quand nous lûmes le doux sourire de l'amant
« Couvert par les baisers d'une aussi belle amante,
« Celui-ci que je dois suivre éternellement

« Posa de doux baisers sur ma bouche tremblante...
« Quel Gallehaut ce livre et celui qui le fit !
« Et ce jour-là finit la lecture brûlante..... »

Pendant qu'elle faisait cet émouvant récit,
L'autre ombre pleurait tant que la pitié me navre,
Comme si je mourais la faiblesse me prit,

Je tombai lourdement comme tombe un cadavre.

Libourne, 9 novembre 1847.

L'ENFER DE DANTE.

CHANT TRENTE-TROISIÈME.

ÉPISODE D'UGOLIN.

ARGUMENT. — Récit d'Ugolin. Passage au troisième circuit, dit de *Ptolémée*, où sont punis les Traîtres en vers les Bienfaiteurs.

Le pécheur souleva sa bouche meurtrière
Du féroce repas, l'essuyant aux cheveux
Du crâne qu'il avait dévoré par derrière.

« — Il faut renouveler, me dit-il, tu le veux,
« La douleur qui, brisant mon cœur sans espérance,
« Rend, avant de parler, mon penser furieux.

« Mais si ma voix peut être encore la semence
« Du fruit de l'infâmie à ce crâne fumant,
« Je vais parler ensemble et pleurer ma souffrance !

« Je ne sais point ton nom, je ne sais pas comment
« Tu vins descendre ici ; Florence est ta patrie,
« A t'entendre parler, je le crois sûrement.

« Moi, du comte Ugolin je suis l'ombre trahie,
« Et lui, c'est Ruggieri, l'archevêque assassin....
« Je suis un dur voisin pour sa tête meurtrie !

« Tu sais que par l'effet de son lâche dessein
« (Je me fiais à lui) l'infâme me fit prendre,
« Puis mettre à mort, le dire est inutile et vain.

« Mais ce que tu peux bien avoir besoin d'apprendre,
« C'est ma mort, et combien atroce en fut le jour :
« Écoute son offense et tu vas me comprendre.

« Une étroite ouverture aux murs de cette tour
« (C'est *la Tour de la Faim*, par moi ce nom lui reste,
« Bien d'autres y viendront enfermés à leur tour)

« M'avait déjà montré sous la voûte céleste
« Plusieurs lunes, quand j'eus un songe plein d'horreur :
« Je vis se dévoiler mon avenir funeste.

« Celui-ci me parut comme un Maître et Seigneur
« Chassant des Louveteaux, un Loup, vers la montagne
« Qui dérobe aux Pisans Lucques par sa hauteur.

« Une meute de chiens maigres, vifs, l'accompagne ;
« La foule des Gualand, des Sismond, des Lanfranc
« Les envoie en avant, de front, dans la campagne :

« Dans leur course épuisés, je vois couverts de sang
« Et le père et les fils : par une dent aiguë
« Il me semble les voir tous deux fendus au flanc......

« Et je m'éveille avant que l'aube fût venue :
« J'entends dans leur sommeil pleurer mes pauvres fils,
« Qui demandaient du pain d'une voix qui me tue !

« Tu seras bien cruel si tu ne l'attendris,
« En pensant quelle angoisse en mon cœur se devine....
« De quoi peux-tu gémir, dis, si tu n'en gémis ?

« Mais ils se réveillaient et l'heure était voisine
« Où l'on nous apportait notre pain, chaque jour :
« Chacun doute, leur rêve oppresse leur poitrine.

« Et j'entends par en haut, de cette horrible tour
« Murer la porte ; alors j'abaisse ma paupière
« Sans bouger, sur chacun de mes fils tour à tour.

« Mais je n'eus point de pleurs, mon cœur devint de pierre..
« Eux pleuraient : mon plus jeune, Anselme, mon cher fils,
« Dit : Pourquoi regarder ainsi, qu'as-tu, mon père ?

« Et je ne pleurai point, ni je ne répondis
« Pendant tout ce jour-là, pendant la nuit suivante,
« Puis nous vint à la fin le soleil indécis.

« Quand du premier rayon la lueur émouvante
« Tomba dans la prison, je vis avec horreur
« Sur quatre fronts mon propre aspect qui m'épouvante.

« Je mordis mes deux mains de rage et de douleur;
« Croyant que de manger j'avais peut-être envie,
« Eux se levèrent tous, disant avec douceur :

« Père, notre souffrance en serait amoindrie,
« Si tu mangeais de nous : de cette pauvre chair
« Tu nous as revêtus, prends-la, soutiens ta vie !

« Je me tus, car leur mal eut été plus amer.
« Nous restâmes ce jour et tout l'autre en silence.....
« Ah! sol d'airain, pourquoi ne t'es-tu pas ouvert ?

« Le quatrième jour, en cette angoisse, avance :
« Gaddo roule à mes pieds, étend ses membres froids ;
« Père : donne-moi donc, dit-il, quelque assistance.....

« Ensuite il mourut, là : puis, comme tu me vois,
« Tels, du cinquième jour bientôt jusqu'au sixième,
« Je les ai vus tomber un par un tous les trois.....

« Je rampai sur chacun, aveugle, fou moi-même ;
« Encor pendant trois jours j'appelai mes fils morts :
« Puis, la faim triompha de ma douleur suprême!..... »

Et, cessant de parler, il roule ses yeux tors :
Et reprenant des dents le crâne misérable,
Le mord, et comme un chien y plonge ses crocs forts.

Pise ! des nations ô honte abominable,
Au pays magnifique où résonne le *si!*
Si tes voisins sont lents à punir le coupable,

Que Gorgone s'ébranle avec Caprée aussi;
Qu'ils arrêtent l'Arno près de son embouchure,
Pour noyer en ton sein tout ton peuple endurci!

Sur le comte Ugolin, si quelque voix murmure
Qu'un jour il a livré tes châteaux menaçants,
A ses fils devais-tu mettre une croix si dure?

Ah! votre âge nouveau vous faisait innocents,
Uguccion, Brigata, dans la Thèbe nouvelle,
Vous deux, nommés aussi dans mes vers frémissants!

Nous passâmes plus loin, où la glace cruelle
Enserre les maudits qu'elle doit torturer :
Leur tête renversée en arrière chancelle ;

A cause de leurs pleurs ils ne peuvent pleurer :
Leur douleur en leurs yeux trouvant une barrière,
Refoulée au dedans, fait leur mal empirer.

Les premiers pleurs font groupe et comme une visière
D'un cristal transparent en sa solidité,
Remplissent, sous les cils, la fosse tout entière.

D'un calus mon visage avait la dureté ;
Je ne sentais plus rien dans cette froide enceinte :
Par l'air j'avais cessé déjà d'être heurté.

Pourtant, de quelque vent je crus sentir l'atteinte.
— « Maître, dis-je aussitôt, quel est ce mouvement?
« Ici toute vapeur n'est-elle pas éteinte? »

— « Ton œil te répondra, me dit-il promptement,
« Quand notre route au fond sera plus avancée,
« Tu verras ce qui fait ainsi pleuvoir ce vent. »

Et l'un des malheureux de la croûte glacée
Vient vers nous en criant : — « Pécheurs aux yeux flétris,
« Le dernier cercle attend votre ombre ici chassée.....

« A mon visage ôtez ces lourds voiles durcis,
« Pour calmer la douleur qui dans le cœur me ronge,
« Avant que par le froid mes pleurs soient épaissis. »

— « S'il faut, à t'apaiser, lui dis-je, que je songe,
« Dis ton nom ; si tu n'as quelque soulagement,
« Qu'au fond de cette glace à mon tour on me plonge ! »

— « Je suis frère Albéric, répond-il vivement,
« Dont le mauvais jardin donna ces fruits funestes....
« Datte pour figue, ici, tel est mon châtiment. »

« — Oh ! lui dis-je, es-tu mort ? mais au monde tu restes ? »
— « Sais-je comment mon corps, reprit-il, est porté,
« Ou ce qu'il fait là-haut aux régions célestes !

« D'un avantage tel *Ptolémée* est doté,
« Que souvent d'un pécheur l'âme ici tombe et nage,
« Quand Atropos encor ne nous l'a pas jeté.

« Pour que plus volontiers tu laves mon visage
« Des pleurs vitrifiés que tu vois, sache donc
« Que quand l'âme d'un traître achève son ouvrage,

« Comme j'ai fait, le corps est pris par un démon,
« Qui sous son dur pouvoir la tient et la gouverne,
« Jusqu'à ce que son temps s'écoule tout au long.

« Mais l'âme tombe ici dans la froide citerne.
« Peut-être encor là-haut le corps peut se montrer
« De l'ombre, près de moi, qui dans la glace hiverne.

« Toi qui viens de là-haut, tu ne peux l'ignorer,
« C'est Branca d'Oria... Qu'il s'est passé d'années
« Depuis que cette glace a pu le resserrer ! »

— « Tes paroles, à faux, dis-je, semblent données.....
« Car Branca d'Oria n'est mort aucunement ;
« Il s'habille, boit, dort, mange à longues journées ! »

— « Dans Malebranche, en haut, dans le gouffre écumant,
« Dit-il, où fume et bout la poix noire et tenace,
« Michel Sanche attendait encor son châtiment,

« Quand celui-ci laissa dans son corps à sa place
« Un diable ; il fit de même aussi pour son voisin,
« Complice de sa honte et traître plein d'audace.

« Mais pour ouvrir mes yeux, de grâce, étends ta main ! »
Je n'ouvris point les plis de sa paupière immonde :
Pour lui la courtoisie était d'être vilain.....

Peuple infâme, Gênois ! race où tout vice abonde !
Tous les crimes divers en vous viennent régner,
Pourquoi n'êtes-vous pas encor chassés du monde ?

Celui que la Romagne a voulu désigner
Comme le pire esprit, est là dans le Cocyte ;
Avec l'un d'entre vous je l'ai vu s'y baigner

Dont le corps, qui paraît vivant, là-haut habite !

Karikal, 2 avril 1857.

www.ingramcontent.com/pod-product-compliance
Lightning Source LLC
Chambersburg PA
CBHW061621040426
42450CB00010B/2608